T0067966

A la vera del camino

AIDA SANTIAGO

authorHOUSE®

AuthorHouse™
1663 Liberty Drive
Bloomington, IN 47403
www.authorhouse.com
Phone: 833-262-8899

© 2021 Aida Santiago. All rights reserved.

No part of this book may be reproduced, stored in a retrieval system, or transmitted by any means without the written permission of the author.

Published by AuthorHouse 12/15/2021

ISBN: 978-1-6655-4457-3 (sc)
ISBN: 978-1-6655-4458-0 (e)

Print information available on the last page.

Any people depicted in stock imagery provided by Getty Images are models, and such images are being used for illustrative purposes only. Certain stock imagery © Getty Images.

Cover photo: Guardarraya Patillas, Puerto Rico

This book is printed on acid-free paper.

Because of the dynamic nature of the Internet, any web addresses or links contained in this book may have changed since publication and may no longer be valid. The views expressed in this work are solely those of the author and do not necessarily reflect the views of the publisher, and the publisher hereby disclaims any responsibility for them.

índice

Amor

Fe

Patria, naturaleza, mundo

Muerte y transición

Dedicatoria

A ti lector que me lees;
Para que toda buena semilla germine en ti.

"He aquí, el sembrador salió a sembrar.

Y mientras sembraba, parte de la semilla cayó junto al camino; y vinieron las aves y la comieron.

Parte cayó en pedregales donde no había mucha tierra,.. porque no tenía raíz, se secó.

Parte cayó entre espinos… y la ahogaron.

Pero parte cayó en buena tierra, y dio fruto…" Mateo 13:3-4,8

Prólogo

"Toda la vida queda expuesta
a la vera del camino"
---Aida E. Santiago

Me siento afortunada de ser la prologuista de este hermoso poemario. El libro <u>A la vera del camino</u> es un tesoro que todos deben leer. Tesoro porque son poemas inéditos guardados en el corazón y pensamientos de la escritora Aida Elisa Santiago Díaz. Tesoro escondido que sale a la luz a través de su magistral pluma como regalo y legado para la humanidad.

La escritora usa su versatilidad y conocimientos en el idioma y la literatura para hilvanar sus vivencias y aprendizajes a lo largo de todas las etapas de su vida, para entonces dejarlo plasmado en sus poemas. En cada uno brota una gran enseñanza que servirán de bálsamo refrescante al alma del lector. Muy bien expresado en el poema "A la vera del camino"

<u>A la vera del camino</u> es un contar de manera bella y real experiencias del pasado y del presente. Ese viaje al pasado lo veras en varios de sus poemas como "Nostalgia".

---"en mi niñez no se sabía de tecnología" ---
---"En la escuela, un ambiente de camaradería,
carreras por el patio y mucha caídas".---

El presente también se deja muy claro cuando puedes leer
sobre asuntos de la vida misma que llegan de repente, como
en el poema "Pandemia"

---"Latente el virus entre sombras amargas"---

La vida trae consigo toda clase de experiencias y sus lecciones,
ya sean dulces o amargas. De ellas nos comenta la autora:
---"qué me importan los problemas, si en ellos hallé las
fuerzas para erigirme en mi persona"---

También viajarás a otra dimensión, "transición al infinito"
cuando de la muerte se habla.
---"nunca pensamos en su llegada, la muerte sorprende
no anunciada"---
---"Nos acercamos a la puerta que transciende el
espíritu."---

Este poemario es un excelente recorrido por la vida, que de
forma artística se presenta al lector. Es tan genial que sientes
que acompañas a su creadora en su caminar. Mientras te
adentras disfrutarás de hermosos poemas dedicados al amor,
al desamor, a la patria, a la fe, a los sinsabores, a sus padres,
a la muerte, a la lengua materna, entre otros. Están llenos
de anécdotas que te sacaran sonrisas, también lágrimas. Te
invito a leer a A la vera del camino.

Por Nohemi Cotto Morales

"A la vera del camino"
exégesis por Aida E. Santiago

La vida es un caminar
hacia un final inexorable,
a medida que avanzamos
hacia esa puerta que se abre,
dejamos el rastro de la vida;
a la vera del camino.
Entre una experiencia y otra
continuamos ese caminar,
atesorando las alegrías,
desechando los desvaríos.
Las vivencias dejan huellas,
nos moldean el espíritu
y seguimos adelante
a cumplir nuestro destino.
Como semillas dejamos;
de nuestros padres el legado,
de los tropiezos las enseñanzas,
de la niñez su moldura,
del amor el regocijo,
de Dios el sostén,
de la muerte su convicción;
toda la vida queda expuesta
a la vera del camino.

Legados

Al nacer

Comenzamos nuestro caminar equipados con el amor de aquellos que nos acogieron al nacer. Junto a ellos nuestra niñez, nuestra cultura.

Allá quedan y nosotros nos encaminamos hacia nuestro destino.

Mis versos

Guarda mis poemas donde no se corroan,
donde puedas buscarlos y no se te pierdan,
atesora mis consejos como una parábola,
que te inspiren y sostengan en la congoja.

No desfallezca tu espíritu entre problemas,
la vida es así, sobran las penas,
aférrate a tus valores, no a las tinieblas.
sigue tus sueños, conquista quimeras.

El triunfo requiere esfuerzo y braveza,
laureles de oro adornarán tu cabeza,
jamás te dominará orfandad, ni tristeza,
mis versos serán guía con sonrisas etéreas.

¡Madre mía!

Tus ojos de ensueño templaron mi alma,
tu cavilar callado inspiraron mi ser,
no entendí entonces tu suspirar ahogado,
ni la soledad enhiesta en tu pausado querer.

Gritaste muda sinsabores hirientes,
buscaste sosiego anhelando un tenor,
un abrazo, un te quiero, un beso, un respaldo,
cuando el Consolador escuchó tu clamor.

Tu tristeza la llevo guardada en mi alma,
y tus quejas verdes serenan mi fin,
hoy, madre amada, honro tu esperanza,
¡tus ojos de ensueño se quedaron en mí!

Padre

Hoy me llena tu sonrisa aunque seas ausente,
y me miras con cariños jamás repetidos,
tu devoción la llevo en mi ser más profundo,
y amanece otra vez tu ternura de armiño.

Despertaste anhelos sin decirlos,
cultivaste un jardín de esperanza y sosiego,
en tu rostro encontré el futuro seguro,
tu confianza inspiró infinitos sueños.

Hoy soy quien soy y a ti te lo debo,
Dios escuchó tu susurrar tan quedito,
me bendijo a mí y a todos los míos,
tu amor sobrepasó todo lo inicuo.

De ti puedo decir que me amaste
¡con amor que de nadie jamás he sentido!

Mi legado

El legado de mis padres me hierve en la sangre,
no es la tierra que heredé sin pedirlo,
ni las joyas de mi madre que a mis manos tornaran,
ni las costumbres y tradiciones que practico en su memoria.
No es la huella de la disciplina, ni tampoco sus anhelos,
ni su amor invaluable, ni sus creencias serenas.
Su legado me germina en las entrañas cada día,
me rebulle en el alma y en mi ser con osadía.
No fue la educación, ni la imposición de ideas,
sino dejarme latente y fluir en mí serena,
sin importarme las envidias, ni opiniones malsanas.
Su legado fue echarme al viento y dejar que creciera,
ser feliz a mi manera y vivir como yo quiera.
No hay legado más preciado que dejarme ser yo misma,
estar en paz con mi persona
y sentir emerger inherente y grácil,
¡la puertorriqueñidad a mi ser enhiesta!

Lengua materna

Nuestra lengua vernácula
sabe a miel y azucenas,
cadencias en acorde
al alma soñadora.
Elevan el ánimo,
emerge la calma,
tiene en cada nota,
el atributo musical
que el espíritu anhela.

Busco en ella palabras
que los pensamientos me aclaran,
me ayudan a entender,
el valor de las lágrimas.
Guardo esa palabra,
la llevo en el alma,
la honro y respeto
como concesión privilegiada.

La enaltezco conociendo,
la sonoridad que la adorna,
no insulto su fuerza

para burlar quimeras,
ni vituperar al caído,
ni menospreciar diferencias.
Con nuestra lengua materna
nos conocemos a nosotros mismos
y su riqueza nos exalta.

Nostalgia

En mi niñez no se sabía de tecnología,
nos sorprendía con sus afanes la misma vida,
cada amanecer traía en sí sus maravillas,
tras el sobrio café con pan y mantequilla.

En la escuela, un ambiente de camaradería,
carreras por el patio y muchas caídas,
almuerzo en el comedor, viajes a la letrina,
amigos de infancia nunca se olvidan.

Después de las peleas, el salón tranquiliza,
se olvidan los sinsabores, se trae una sonrisa,
se aquietan los ánimos, se lee la cartilla,
en la clase no se toleran groserías.

Los maestros enseñaban con suma cortesía,
a apreciar de los demás su compañía
de su desprendido amor doy valía,
y sobrecoge la nostalgia el alma mía.

Raíces

El mar de mi infancia
llevo al corazón prendido,
lo llevo en mis memorias,
visito sus playas y recuerdos de niños.

Sumerjo los pies en sus aguas
y se refresca mi espíritu.
Mi alma se confunde en un abrazo,
con el Dios Altísimo.

Anhelos de caricias satisfacen sus arenas
y un soplo de esperanza arrulla mi sendero.
¡Cuán feliz el alma que siente
palpitar una infancia de abrazos lleno!

Caminar por la vida de amor pleno,
llevando alegrías espontáneas y simples.
Nada opaca la paz inherente, desprendidos de apariencias.
sin pompas, ni alardes; ¡ser aquél niño casto!

Develación

Hay días en que dudo de mi paz serena
y un grito ahogado enmudece mi ser,
me inunda la tristeza e incertidumbre,
y consternada me atormenta el quehacer.

No he sabido de envidias, ni ideas malsanas,
¿O esa semilla germina en mí?
¿Acaso no he sabido doblegar las ansias,
y de un aura lejana soy el frenesí?

De la inocencia no surgen ofensas,
ni en lo sublime hay oquedad,
espinas hirientes socavan la esperanza,
y en frustrada epifanía languidece la fe.

El sueño soy de un espíritu perfecto
que un día en mi alma se posó,
ya no avalo cuán genuina sea,
y mi quimera efímera se ausenta de mí.

En tinieblas busco mi íntima esencia,
un socaire que sostenga mi preciado afán,
pues con tropiezo vivo lo incierto,
sin entender cuál la realidad será.

Alegrías y penas

Cada paso, cada experiencia, cada amor, deja una huella en nuestro ser. Dejamos evidencia de esas mezcladas experiencias a la vera del camino y continuamos nuestro caminar hacia un futuro inefable.

Vivir

La vida ofrece toda clase de experiencias,
unas dulces, otras saladas
pero ninguna por siempre queda.
Hoy, al retornar al pasado (sin pensarlo),
qué me importan los problemas,
si en ellos hallé las fuerzas
para erigirme en mi persona,
y ostentar una corona
pues reino sobre mi vida
sin embargarme la tristeza,
sino en lo que verdaderamente importa;
¡ser feliz a mi manera!

Los pies torcidos

Miré los pies torcidos y recordé penas lejanas,
con un halo de amargura enderecé la cerviz
y apagué la cicatriz del alma.
Me reincorporé con dejadez, sin aguantar las lágrimas,
un quejido lastimero ofreció ansiada calma.

Una infancia triste y sola, adolescente de caricias huérfana,
torceduras en el alma, sus fracasos la condenan,
magullada por envidia, zaherida de insolencias,
busco alivio en mi ser y allí encuentro; ¡la poesía!

Renuevos

Las caídas duelen y jamás se olvidan,
las traiciones hieren toda la vida,
la cicatriz se queda entretejida,
vivir con ambas es una salida.

Recordar sinsabores quita energía,
olvidarlos es absurda fantasía,
aprender de ellas es sabiduría,
seguir sin rencores requiere valentía.

La experiencia en ti queda enhiesta,
infructuosa y fútil es la contienda,
aprender de la lección que adiestra
a amar y soñar sin vergüenzas.

Tiempos hubo en que sin fin gemí,
el vuelo me cortó alguien a quien amaba,
aún de la caída los añicos así recogí,
¡y aprendí a volar sin alas!

Zarpazo

Cuídate del lagarto que te esconde un zarpazo,
o aquél alacrán de comentarios ingratos,
de la serpiente envidiosa que siembra cizaña,
enemigos son con caras que engañan.

No desfallezca la integridad en tu alma,
atesora tu castidad y tu honra,
mantén tu frente alta, sosiégate en tu calma,
no podrán derrumbarte pues ellos se arrastran.

La traición

Caí postrada y así de hinojos,
sentí la funesta herida,
huérfano de algún apoyo
mi corazón se abrió en pedazos,
un gemido lastimero emitía.

No sé si fue un instante,
no sé si fueron años,
sólo anhelé tirar el tintero,
olvidar el rencor,
elevar un nuevo vuelo.

La felicidad siempre esconde,
manchas negras y desvelos,
traiciones y desafueros.
¡Heme aquí, tú, que intentaste,
mancillar un tiempo bueno!

Insidia

Heriste mi vida
de forma traidora,
cambiaste mis pasos,
sembrando congoja.

Al comentario jocoso,
le añadiste cizaña,
y aquella calumnia,
rompió muchas almas.

Pagarás por tu insidia,
cuando ante el Hacedor,
se te pida cuentas,
por tanto dolor.

Experiencia

Creí saber de amores tronchados,
creí entender del dolor,
creíme fuerte, estable y sapiente,
creíme un ser especial, compasivo y elocuente.

Hoy me duelen heridas profundas e infinitas,
del atropello inaudito no entiendo la razón,
se angustia mi alma, se rompen mis crisoles,
se deshace mi espíritu, torbellino de emociones.

No sabía del dolor de las grandes traiciones,
no sabía de la soledad, ni ausencia de amores,
no sabía de la inutilidad cuando el alma gime,
creí saberlo todo sin entender lo sublime.

Desvelo

Nostalgia de amores desconocidos
sumerge quereres al oscurecer tardío,
aguas tranquilas ahogan desvaríos,
el alma pesada se acurruca en el río.

Se adentra el ser al descanso elusivo,
añorando abrazos nunca recibidos,
lágrimas infinitas cubren el sueño furtivo,
el agua envuelve pensamientos sombríos.

La luna mañanera esconde mi sino,
y dormirá el cansancio sentido,
mi corazón brillará entre los míos,
ocultará el dolor del golpe ladino.

Al atardecer vuelve mi alma al vacío…

Caricias

Del alma los pétalos caen al vacío,
caricias inciertas acompañan su sino,
huérfanas de amor, llenas de olvido,
redoblan del corazón los latidos.

Carente de emociones las caricias embargan,
nostalgia de efusión, anhelo de ganas,
aprisiona el deber, empalaga la usanza,
los pétalos sedientos liberan su carga.

Caricias distantes, nunca recibidas,
tantas lágrimas, iguales sonrisas,
pétalos sucumben en noches sombrías,
y del tallo abatido, brota melancolía.

La caluminia

Y así, de momento, asalta una bajeza,
y se adentra en el alma y la duda acarrea,
el alma se resiste y rechaza la idea,
pero ésta se alimenta de ignorancias y penas.

La injusticia inicua se alimenta por envidias ajenas,
y ataca el alma noble que desfallece y a la fe se aferra,
pero la situación se enardece y subleva confusión lastimera,
lánguida y desecha cae el alma sin más resistencia.

El ataque maligno el alma pisotea,
mas ángeles solidarios acuden y la reclaman,
la guarida de la maldad con sus lágrimas anegan,
y restauran con su luz del alma la nobleza.

La calumnia se oscurece y huye, ya con sus raíces secas.
Así, de momento, se reincorpora el alma etérea,
¡Y resurge de esperanza y paz,
de nuevo el alma llena!

Soy feliz

Soy feliz, soy hechura de Dios,
me alegra vivir, disfrutar la naturaleza,
enajenarme en los pensamientos,
sentir solaz y vivir lo que valoro.

Soy feliz, aunque a veces
llore, aunque dude, aunque caiga,
soy feliz porque existo,
porque me fortalece la esperanza.

Soy feliz porque el mal no tiene poder
para encerrarme en el odio.
¡A mí me refresca el mar, me danza la brisa,
me inspira y nutre el cielo!

Amor

Amar es compañía en todo caminar, ya sea sincero o sólo acomodaticio, ya sea real o fingido.

El amor nos guía, es la fuerza que inspira nuestras decisiones y nos sostiene. Ama, ama, ama…

El amor

El amor tiene alas de poeta,
pletórico de júbilo, sacia del alma las ansias,
satisface al más estéril
y al más impasible enerva.

Provee de felicidad a aquél que todo lo cuestiona,
al agnóstico da la fe para buscar a esa persona,
que complemente sus ansias,
aunque dude su existencia…

Mi compañía

Somos dos almas enlazadas en una
cual anillos que en urdimbre se abrazan,
ya mis gustos y tus gustos son sólo uno,
ni sabemos quién prefiere qué,
pues es al final lo mismo.
Nos deleita el pescado, los pasteles, el sancocho,
el dulce de papaya y los bacalaítos.
Las penas olvidamos y alegrías compartimos.

Pasear de la mano es un regocijo,
nos duele la misma enfermedad,
y la misma esperanza al unísono.
Nuestras almas se entretejieron un día,
se soldaron con el tiempo,
nunca nos movemos sin pensarnos,
pues hemos caminado toda una vida
compartiendo un mismo sino.

Oportuno

Cuando de un agónico amor
sientas el aleteo,
atiende a su postrer jadeo.

Si de un transeúnte su dolor presientes
escucha su agonía,
tu inquietud es su alegría.

Si de pasada te envuelve la brisa,
disfruta su presencia,
de un alma amada; es la esencia.

Cuando te sorprenda una sonrisa,
no rechaces su ofrecimiento,
es del amor; el último intento.

Si abrumado sientes una palmada,
abre tus brazos,
es de tus afanes; el descanso.

Siente, atiende, recibe
escucha, disfruta, ama;
¡la vida requiere ser amada!

Embeleso

Bastó de tu piel un roce
y una vorágine de recuerdos,
despertó mi embeleso.
¡Cuánto te amé! ¿Por qué olvidarlo?

Sentirte y amarte en un instante,
revivir tiempos ya idos,
retraer mis sentimientos,
callar mis desvaríos.

Me hirió entonces tu partida,
llena de lágrimas, mi agonía,
sentí el frío de la blasfemia,
la traición, la burla, la infamia.

Resonó en mí el por qué te fuiste,
recordarte y huirte fue un instante.

Hoy extraño tus brazos

Te eché, sin quererlo, un día de mi lado,
hoy absorta extraño tus brazos,
hoy soy débil y apenas me aguanto,
ayer los afanes marcaban mis pasos.

¡Qué pena me embarga; cuántos fracasos!
Te pido perdón por rechazos insanos,
por no haber sabido aligerar tus encargos,
por no detenerme a acariciar tu regazo.

Hoy te alejas con el alma en pedazos,
te pesan las ausencias de besos y abrazos,
te duelen soledades en tiempos ingratos,
¡y aquí quedo sola añorando tu abrazo!

¡Te eché, sin quererlo, ya no hay descanso!

Aquí te espero

En tiempos de pruebas
se estrechan los vínculos,
se pierde la rutina
para ganar lo sublime.
De la larva apretada,
resurge en esplendor la mariposa.
En el crisol de la angustia,
se acrecientan la fe y la esperanza.
Aquí te espero,
con mis brazos abiertos,
al renacer de un nuevo día.

Fe

Nuestro ser va evolucionando dejando rastros de nuestro caminar. Nos alimenta la esperanza, el afán de vivir, la convicción de nuestros valores, y seguimos adelante en busca de nuestra esencia primera.

Oración

Señor;
Tú que conoces mi ser más profundo,
que alimentas mis ansias y deseos de amar,
Tú que llenas mi vida de constantes promesas,
ayúdame, Señor, a conocerte más.

Tú, Señor, que eres mi baluarte,
Tú, que me sostienes en la oscuridad,
Tú, que eres la roca inconmovible,
ayúdame Señor, a confiar en ti más.

Ayúdame cuando cansada camino,
ayúdame, Dios amado, cuando triste lloro,
fortaléceme cuando plegarias dirijo,
acompáñame, Redentor, a acercarme más.

Afiánzame, Padre, entre tus brazos amorosos,
rodéame, Señor, con tu infinita bondad,
guárdame, Dios amado, entre tu sudario.
Sólo Tú eres fiel y me das seguridad.

¡Cuánto te amo!

Hay veces que quisiera, Señor, ser tu estandarte,
amarte, mi Dios, con inmensa certeza
y tener un corazón grandioso que ofrendarte,
lleno de beatitud, bondad y pureza.

Ser paloma veloz que suba al cielo,
a posar a tu lado y ser estrado,
donde descanses tus pies, y luego
mariposa andante entre tus manos.

Exaltar tu nombre, tu esencia, tus bondades,
buscar tu escudo, tu sombra, tus brazos,
para luego exclamar y no calle,
la inutilidad de mi ser sin tu regazo.

Demostrar, Señor, de algún modo,
cuánto te amo, mi Dios, por haber sido,
quien se entregó al mundo por mis pecados,
quien murió por mí y sufrió mi castigo.

Alabanza

Siento la ternura de un espíritu infinito,
la caricia amante de un ser sublime,
palpo la paz que al arrepentimiento es dada,
y el gozo inocente del perdón que redime.

Sólo una mano poderosa y buena
ha dado a mi alma el aliento que urgía,
sólo Dios ha borrado la pena,
de tropiezos sin fin e iguales caídas.

¿Cómo agradecerte, Señor, este gran premio?
la paz, el amor, la luz, el camino…
¿Cómo, Señor? Soy tan poco en el mundo,
un gramo, un ápice, una migaja, un suspiro.

Quisiera lucir tu aureola a mi paso,
reunirme en tu nombre y cantarte alabanzas,
besar tus plantas, tu manto, tu rastro,
gritar con fervor; ¡bendito seas!

Mi diadema

Hoy quiero, mi Dios, ofrecerte mi alabanza,
adorar tu magnificencia en medio de la calma
pues has sido mi amparo desde la infancia,
y me has protegido con divina aura.

Quiero alabarte por mi vida orlada,
pletórica de beneficios, contadas penas,
has sido mi alfarero, mi artífice, mi diadema,
soy tu hechura, tu creación, aunque efímera.

Nunca esperé ser de ti escogida,
recibir de tu amor tanta hermosura,
ser bendecida cada día,
eres, Señor, de mi vida apología.

Crisol

Me cayó encima el cielo,
se derrumbó mi mundo
plantado en lo pasajero.
Creemos ser inmortales,
vivimos sin realizar que todo,
puede pasar en abrir y cerrar de ojos.
Reclamaré promesa de bendición,
tomaré fuerzas en la fe.
Apóyate en mí,
aunque en el intento nos desplomemos.

Esperanza

Al llegar la prueba
el alma se apresta,
el espíritu se eleva,
si estamos apercibidos,
el problema no agobia.
Nos cimentamos en confianza,
nos llenamos de esperanza,
y esperamos el milagro
anunciado una mañana.
Esperamos sin premura,
suspiramos sin congoja,
y se cumple la promesa
que nos llena el alma entera.

Valor del dolor

En el camino de la vida,
nuestra alma ansiosa,
busca consuelo a las pruebas,
que insistentes agobian.
En cada caída ya vencida,
la fe restaurada se afianza,
y la confianza en Dios,
agradecida, se incrementa.
Cada tropiezo añade un reto,
cada escollo un nuevo esfuerzo,
sobrellevamos el desvarío,
y nos levantamos más fornidos.
Si cada encrucijada nos acerca,
a epifanía del espíritu,
sonriamos a las pruebas,
¡y alcanzaremos al Eterno!

Anhelo amarte más

Anhelo amarte más, Dios Omnipotente,
ruego adorarte con mi corazón y mente,
satúrame, Padre, con ese Amor inmenso,
que sólo Tú posees y das aliento.

Quiero postrarme de clemencia solícito,
invocar tu Espíritu del pecado desprendido,
observar tu disciplina sin rebeldías, ni quejas,
llegar a profesarte un amor sin fronteras.

Respeto cada tarea que comience y termine,
con un amén a ti y en tu Santo Nombre,
venero el día en que seas mi estandarte,
amo, en fin, Señor, mi deseo de amarte.

Súplica

¿Dónde estás, Cristo mío, no te siento?
¿Dónde, si estoy desalentado?
Te busco en todas partes y no te encuentro,
en mi yo, en mi ser y mis costados.

¿Y tu Espíritu, Señor, no te advierto?
¿Te has ido acaso de mi lado?
No me dejes, por piedad, te necesito,
es mucho, Señor, el dolor del pecado.

¡Nadie acude a mi llamado!
Sólo Tú me sostienes,
¡Eres sólo Tú, Señor!
¡Siempre has estado a mi lado!

Acción de gracias

Hoy, Señor, levanto mis manos
en adoración y alabanza.
Mi alma te anhela y glorifica tu gracia,
me humillo ante Ti por tu inmensa misericordia
y engrandezco tu nombre por la paz nuestra,
por alargar nuestra vida y llenarla de tu gracia.
Por la felicidad de un nuevo día,
por darnos amor, propósito, consuelo,
salud, paz y prójimos nobles.
Mi alma engrandece tu nombre,
y agradece a tu Hijo Jesucristo,
por concedernos un milagro.

Patria, naturaleza, mundo

Nuestro paso por la vida no sucede en el vacío. Hay toda una gama de eventos que dan margen a desvíos en nuestro caminar. Allí quedan como un rastro...

Isla del encanto (después del huracán María)

Desde la "Ausencia" con el corazón en ansias,
se observa la islita desamparada y rancia,
se intuye el gemir de un "Lamento borincano"
y el " Valle de Collores" le redobla de la mano.

Ya no corre transparente el "Río Grande de Loíza",
lo contaminan sinsabores, agravios y palizas;
ya el "Pueblo" de Palés no se duerme en la inercia,
ha despertado por abusos, vejamen e indiferencia.

Muchos se alejan en busca de otros senderos,
por "Angustia" de un futuro aún más etéreo,
la gente se aglomera, se retuerce, se levanta;
el "Pitirre" indignado contra el guaraguao avanza.

Mas aunque corona de espinas acreciente su llanto,
¡Por siempre será "Preciosa", la isla del encanto!

"Isla del encanto". Antología <u>Resistir</u>. Rocío Durán Barba. Editorial, 2019.

(1) José Gautier Benítez
(2) Rafael Hernández,
(3) Luis Llorens Torres
(4) Julia de Burgos
(5) Luis Pales Matos
(6) Clara Lair (Mercedes Negrón Muñoz)
(7) José de Diego
(8) Rafael Hernández

Pandemia

La muerte acecha a través de las ventanas,
se escurre entre la rendija de la puerta cerrada,
la gente se guarece, se limpia, se encierra,
la muerte se esconde y espera siniestra.

Latente el virus entre sombras amargas,
da vueltas cercando a la gente indefensa,
se adentra silente y contagia sigilosa,
en vano lucha el hombre entre la ignorancia.

¡Ay, de los padres, amigos y hermanos ancianos!
Sucumben ante la creación del hombre villano,
al resurgir del encierro estaremos diezmados,
con dolor de mil muertes el corazón impregnado.

Reaparece un hombre fervoroso y sensible,
Pletórico de paz y esperanzas sublimes,
renace con amor a Dios, la naturaleza, el agua.
Cara al sol se saluda, sin abrazos; con el alma.

Encierro

En tiempos de pandemia y cosas extrañas
me detengo a pensar si acaso vale la pena,
luchar contra el viento,
desechar las tinieblas.
La gente no entiende que la vida es ajena,
que somos parte de un plan que nos controla,
y damos golpes a ciegas buscando quimeras,
a veces hiriendo a quien más nos quiera.
Madres que odian la realidad de sus hijos,
padres que se envuelven en intereses promiscuos,
envidiosos que detestan el triunfo del hermano,
fieles de religiones ausentes de cariño.
¿Cuándo, al fin, daremos un vuelco
y tornaremos a ser más sinceros?
¿O es imposible que nazca algo bueno.
del alma que en nuestro interior tenemos?
Ese ser necesitado que toca a la puerta,
puede ser el Cristo que manda otra oferta,
no le niegues la ayuda, quizás seas su última esperanza,
o la última oportunidad para enmendar ofensas.
No se destile vinagre sobre heridas abiertas,
seamos bálsamo de paz para el que lleva a cuestas
la incertidumbre del mañana y la fe en ascuas.

Caos

En tiempos de pandemia se desprenden las máscaras,
sobresale el interior oculto entre sombras,
nos sorprende una realidad que la sociedad apaga,
y desnudas quedan emociones ingratas.

Ay, de aquellos cuya vida era ajena,
desconocidos de sí mismos, capaz de condenas,
los que simulan ser compasivos, de riqueza aturdidos.
quienes esconden sus internos desvaríos.

Surgen nuevos héroes de blasfemias remisos,
aquellos que se oponen a la violación del enemigo,
quienes se abrazan al desamparado.
¡Ángeles son con corazones comprimidos!

Alegres los pájaros acogen el sosiego del aura,
los peces retozan en aguas más diáfanas,
brisa lozana acaricia los árboles en calma,
un mundo genuino renace de pandemia amarga.

Mas de ese novel corazón brota espontánea una lágrima,
llora por los eternamente encadenados,
encerrados en la pobreza, desprovistos de libertad,
y ¡amordazadas sus palabras!

"Caos". PEN de Puerto Rico Internacional. <u>Letras desde el encierro</u>. Editorial . 2021

Denuncia

El mundo gira y gira,
la vida acelera y continúa,
de espaldas al dolor,
la gente se apresura.

Allá hay un niño,
ausente de caricias,
deambulando su inocencia,
espera una sonrisa.

Otros abusados y olvidados,
claman sin ser oídos,
rasgan sus vestiduras,
compasión jamás sentido.

¿A dónde se dirige
el que ocupado camina?
¡Da un vuelco en la ruta,
subsana las heridas!

Muerte y transición

Al final del camino, cruzaremos la puerta a lo infinito. Nos percatamos de que, al transitar hacia lo sublime e intangible, sólo queda atrás lo vivido. Nuestras experiencias ya no importan, nuestras posesiones caducan; sólo quedan nuestras semillas como evidencia de haber existido. Nos acercamos a la puerta que trasciende el espíritu.

Eternidad

La vida es una dádiva de magnitud excelsa,
por gracia recibimos de Dios esa bandeja,
es hermoso vivir y deleitar la existencia,
y manjares de amor dar a manos llenas.

A lo largo de la vida, llenos de esperanza,
cimentamos los sueños, anidamos las quimeras,
dejamos a nuestro paso, la firmeza de las huellas,
recuerdos de una vida, fructífera y buena.

Al final destino nuestros laureles no afanan,
ni logros, ni triunfos, ni vanidades,
sólo evidencias de inmortal aura,
quedará en los corazones de quienes nos recuerdan.

Y las semillas a la vera darán frutos,
¡con alas de esperanza!

En la enfermedad

Eres mi sosiego,
eres mi anhelada calma,
no te alejes, no te tardes,
tu calor me alienta el alma.

No importa si desfalleces,
lucha con esperanza,
sólo Dios tiene el poder,
de acabar o alargar la pasada.

La vida siempre llega a su término,
aceptar su postrer incierto,
es siempre lo propio,
a todos nos llega sea tristes o contentos.

Futilidad

La vida se acaba en un instante,
en un momento llega su término,
no se espera, no se advierte,
aunque ignorada aún acecha.

Nunca pensamos en su llegada,
la muerte sorprende no anunciada,
llanto absorto, realidad amarga,
cubre el ámbito, lúgubre y en calma.

En la disyuntiva de escoger su término,
no se piensa que la muerte es obvia,
pretendemos posponer su llegada,
con alternativas que no la apagan.

Si pudiéramos intercambiar los días
y compartir los que nos quedan,
quisiera morir a tu lado, amado,
y encontrar a Dios, tomados de la mano.

Ocaso

Y así de sopetón me llegó el ocaso,
tan anunciado e inesperado,
cuando te hiere siempre sorprende,
te lastima y doblega el cuerpo encorvado.

El tiempo pasó inadvertido,
se desvanecieron los recuerdos,
y aquí estoy divagando,
¿Adónde están los desvaríos?

Vivamos la inocencia de los niños,
y la humildad de un puro corazón,
sembrando semillas de amor y tolerancia,
buscando un propósito, vivir con tesón.

Nada entendemos…
nada sabemos…
¡y la nada será
nuestro sino!

Destino

La vida es un caminar hacia un compartido destino,
unos llegan a su final apresurados,
otros se demoran y se alarga lo vivido.
Será inmortal aquél cuyos pasos,
vayan marcando el camino.

No hay afán que quite, ni añada a ese designio,
sólo resta vivir con amor y bondad,
sin preocupar lo material o estériles vanidades,
pues nada de este mundo importa,
cuando se cumpla el destino.

Vanidades

Cuando atrás miramos el recorrido camino,
y las preocupaciones fútiles y el incierto destino;
apenas recordamos sufridos desvaríos,
ni trabajos, ni angustias, ni precarios desatinos.

Sólo queda de nuestro paso la huella,
con o sin maquillaje, con o sin abrigo,
bocados o banquetes, vanidades o vergüenzas,
todo es caduco, todo al final lo mismo.

Tus adornos, tu ropa, tu hermosa casa,
paseos, fiestas, celebraciones, hasta orgías,
todo es cosa del pasado, nada llevamos consigo,
ni siquiera los recuerdos, sólo queda el espíritu.

¡Todo es pura vanidad,
nada importa de este mundo!

La puerta al infinito

Se cierra la puerta y el mundo se vuelve,
de espaldas al dolor,
absorto en rutinas vanas.

Al trascender esa puerta atrás quedamos,
los amados continúan
Su trajín diario.

¿Qué quieres? Nada…
¿A dónde vas? Aquí…
¿Cómo te sientes? Con frío…

Y el mundo se vuelve a faenas cotidianas,
cocinar, lavar, conectarse a la red,
olvidar la tragedia.

Ya no existen los ascetas,
ni siquiera hay ateos,
pues Dios no existe en su conciencia.

Ausentes del espíritu,
vacíos sin metas,
sólo viven el ahora.

Se apresuran a vivir,
olvidando su fin,
estampado en mármol.

Y volteamos y seguimos
y reímos y lloramos,
frívolos, en negación…

…que un día tras nosotros,
se echará el cerrojo.

¿Y qué nos llevamos?
Ni lo vivido, ni lo pasado,
sólo el alma sin recelos busca,
al Espíritu Sagrado.

Transición

La búsqueda de felicidad,
demarca la senda,
caminos de espinas,
veredas de calma.

A un lado dejamos,
tinieblas ajenas,
experiencias dolorosas,
de amores evidencia.

Todo lo que vivimos,
enmarca la puerta,
y al llegar al destino,
nos arropa paz serena.

El éxtasis del espíritu,
es de júbilo diadema,
la luz nos acoge
y acurruca el alma.

Al final del camino

La vida se acaba,
al transitar hacia la eternidad,
hacia lo efímero e intangible,
atrás queda todo lo vivido.

Las experiencias ya no importan,
las posesiones caducan,
sólo quedan las semillas;
evidencia de nuestra existencia.

Nos acercamos a la puerta
Que trasciende el espíritu.
Queda aquí lo sembrado,
Para ti lector amigo.

Reflexión

"... y al cruzar aquella puerta me arropó una paz infinita y una luz resplandeciente en forma de gotas de lluvia me acogió al otro lado..."

Nereida Santiago Díaz
1947- 1992

Fin

Sobre el autor

La salida de la escritora al exterior fue impactada por la separación de personas muy amadas. Primeramente, su sobrino de cinco años a quien cuidaba, y sus amados padres y hermanos. Al reubicarse en Florida, queda en la Universidad de Massachusetts, su hijo mayor. La devastación que el huracán Hugo dejó a su paso por la isla, previno su deseado retorno y fue imposible regresar como esperaba. Reinicia una nueva vida con nuevas metas, nuevas experiencias y nuevos retos. Completa una Maestría en Literatura Latinoamericana en Florida Atlantic University y ejerce como maestra de literatura y español por varios años en el condado de Broward en el sur de Florida. Ya retirada, se reincorpora a su amor por la palabra escrita y retoma la creación literaria.

Printed in the United States
by Baker & Taylor Publisher Services